BEURRE D'ARACHIDE ET GELATO

BEN CLANTON

TEXTE FRANÇAIS D'ISABELLE FORTIN

SCHOLASTIC

POUR **ALEX COX.**
CONTINUE DE **RÉPANDRE**
LA **GÉNIALITÉ!**

Catalogage avant publication de Bibliothèque et Archives Canada

Clanton, Ben, 1988-
[Peanut butter and Jelly. Français]
Beurre d'arachide et Gelato / Ben Clanton, auteur et
illustrateur ; texte français d'Isabelle Fortin.

(Les aventures de Narval et Gelato ; 3)
Traduction de: Peanut butter and Jelly.
ISBN 978-1-4431-7351-3 (couverture souple)

I. Romans graphiques. I. Titre. II. Titre: Peanut butter and Jelly. Français

PZ23.7.C53Beu 2019   j741.5'973   C2018-903831-4

Édition publiée par les Éditions Scholastic, 604, rue King Ouest, Toronto (Ontario) M5V 1E1 en vertu d'une entente
conclue avec The Gallt and Zacker Literary Agency LLC.

5 4 3 2 1   Imprimé en Malaisie 108   19 20 21 22 23

Conception graphique : Ben Clanton et Andrew Roberts

Les illustrations de ce livre ont été réalisées au crayon de couleur, à l'aquarelle et à l'encre, puis ont été colorées
numériquement.

Références photographiques :
gaufre : © Tiger Images/Shutterstock; fraise : © Valentina Razumova/Shutterstock; cornichon : © dominitsky/
Shutterstock; radiocassette : © valio84sl/Thinkstock; pots : © choness/Thinkstock; arachides : © Zoonar/
homydesign/Thinkstock; confiture sur le pain : © George Doyle/Thinkstock; rôtie au beurre d'arachide :
© NicholasBPhotography/Thinkstock.

TABLE DES MATIÈRES

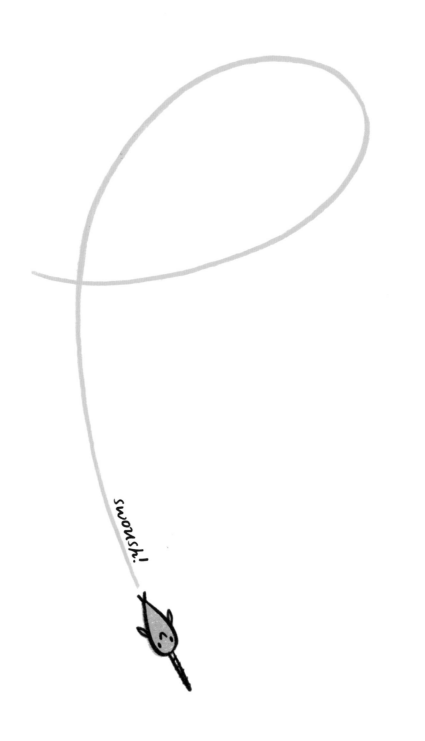

swoosh!

UNE HISTOIRE
SUCRÉE SALÉE!

EUH... NARVAL,
CE N'EST **PAS** UNE GAUFRE.
C'EST UN BISCUIT AU
BEURRE D'ARACHIDE.

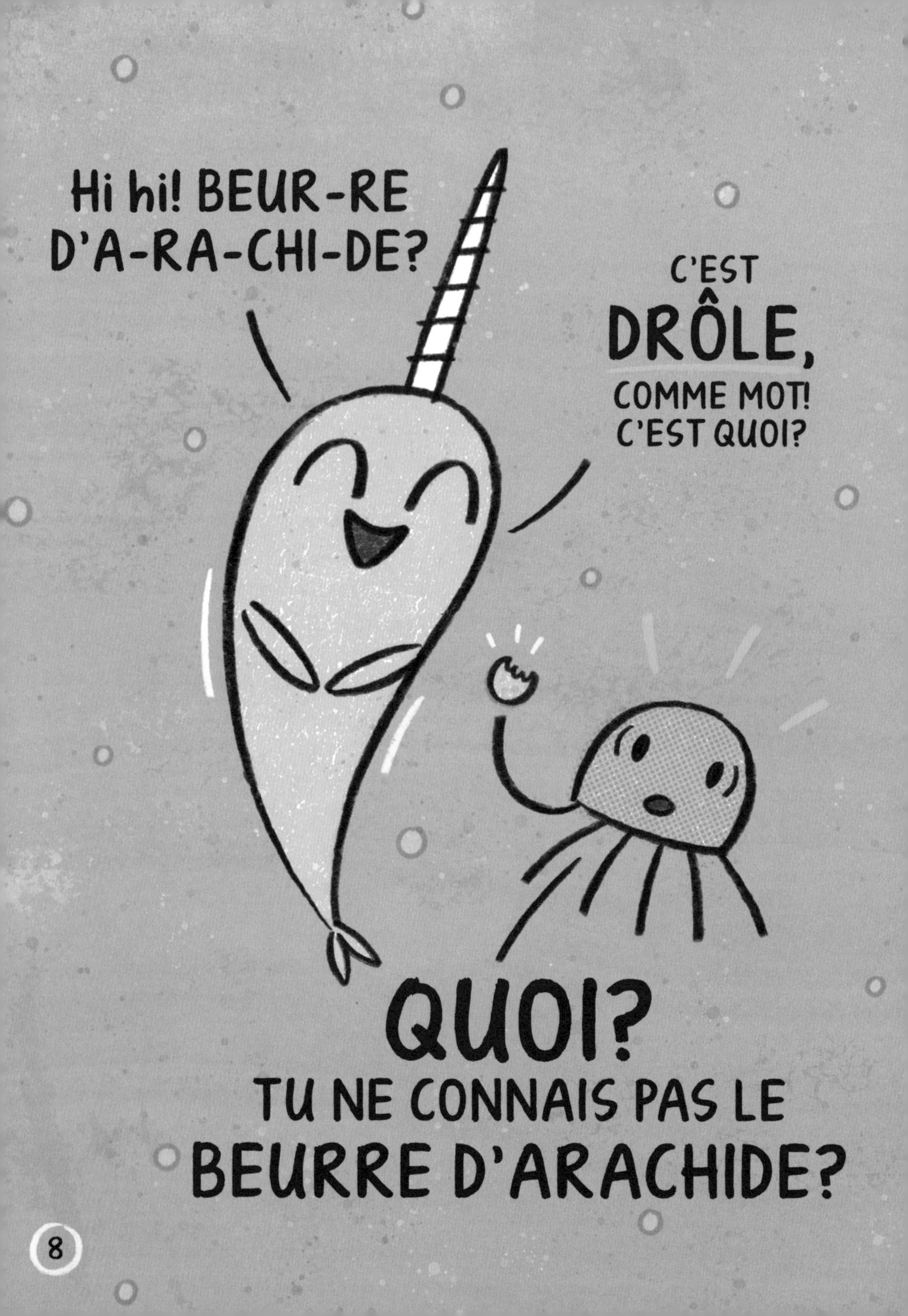
Hi hi! BEUR-RE D'A-RA-CHI-DE?
C'EST DRÔLE, COMME MOT! C'EST QUOI?
QUOI? TU NE CONNAIS PAS LE BEURRE D'ARACHIDE?

PEUT-ÊTRE QUE ÇA A LE GOÛT DES GAUFRES AUX FRAISES GARNIES DE RÉGLISSE SAUTÉE AUX CORNICHONS!

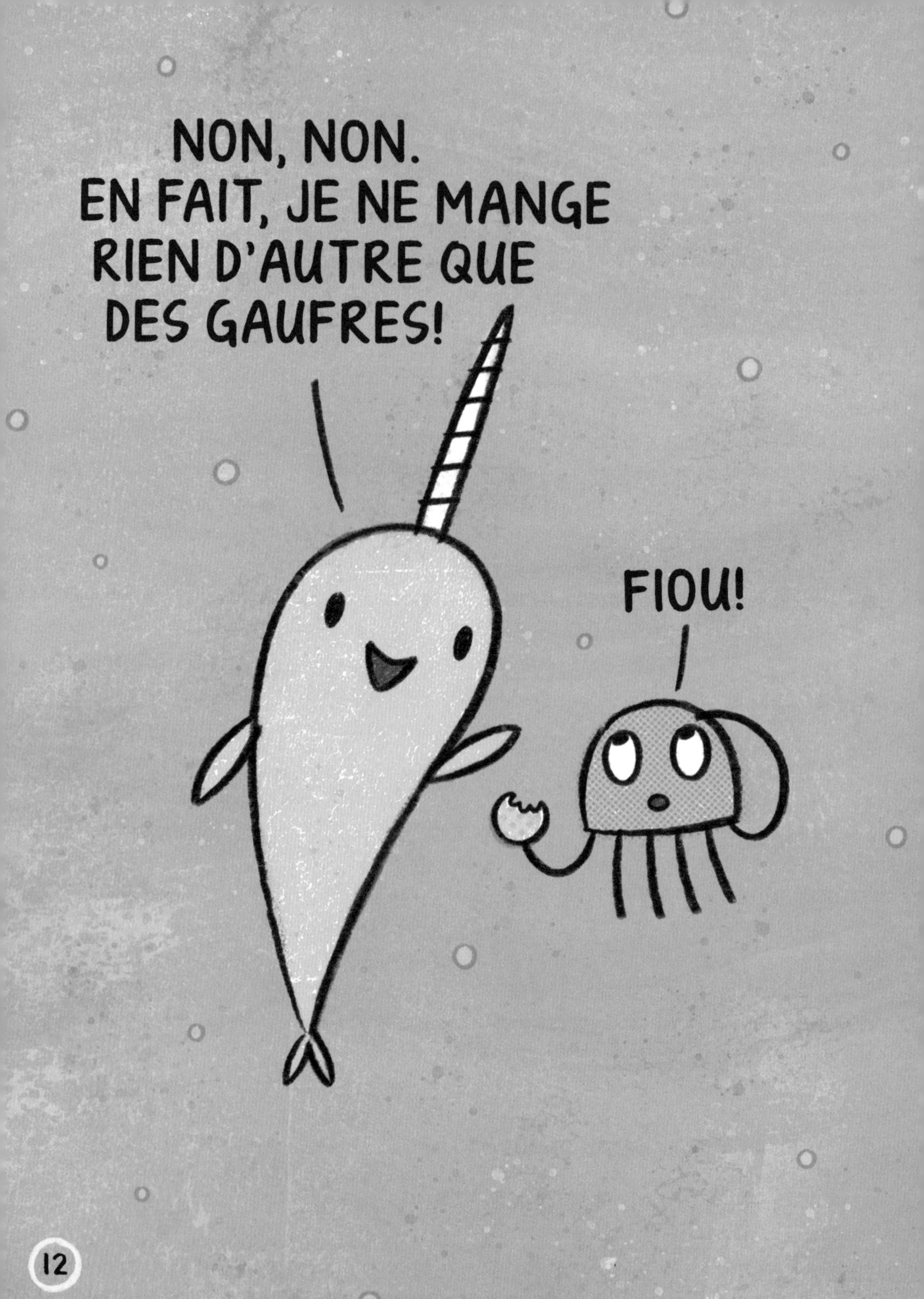
NON, NON.
EN FAIT, JE NE MANGE
RIEN D'AUTRE QUE
DES GAUFRES!
FIOU!

ATTENDS...
SEULEMENT
DES GAUFRES?

TU NE MANGES QUE DES GAUFRES?
OUAIP!
C'EST IMPOSSIBLE. ET DES SPAGHETTIS? C'EST SÛR QUE TU AS DÉJÀ MANGÉ DES SPAGHETTIS.

ÇA RESSEMBLE À DE LA PURÉE DE GAUFRES?
DE LA PURÉE DE GAUFRES? EUH... VRAIMENT?
JE SUIS *SÛR* QUE TU AS DÉJÀ MANGÉ AUTRE CHOSE QUE DES GAUFRES.

DU GÂTEAU? DES POMMES?
DU FROMAGE? DE LA TARTE?
DES ARTICHAUTS?
DES GUIMAUVES?
DU GUACAMOLE?
EUH... DES SUSHIS?
DES FRITES?

NARVAL, TU NE PEUX PAS MANGER QUE DES GAUFRES.
TIENS! GOÛTE À CE BISCUIT AU BEURRE D'ARACHIDE.

POURQUOI?

ON T'A DÉJÀ DIT QU'IL NE FALLAIT PAS ABUSER DES BONNES CHOSES?

C'EST RIDICULE! COMMENT POURRAIT-ON MANGER TROP DE GAUFRES?

C'EST VRAI... OUBLIE ÇA.

MAIS PEUT-ÊTRE QUE TU VAS AIMER CE BISCUIT ENCORE PLUS QUE LES GAUFRES!

Hi hi!
ELLE EST BIEN BONNE CELLE-LÀ, GELATO! IL N'EXISTE RIEN DE MEILLEUR QUE LES GAUFRES.

COMMENT PEUX-TU LE SAVOIR SI TU N'Y GOÛTES PAS?

MERCI, GELATO. MAIS JE PENSE QUE JE VAIS M'EN TENIR AUX GAUFRES.

JUSTE UNE PETITE BOUCHÉE?

TU SAIS QUOI?
SI TU GOÛTES À
CE BISCUIT, JE TE
PRÉPARERAI UNE
GAUFRE GÉANTE.

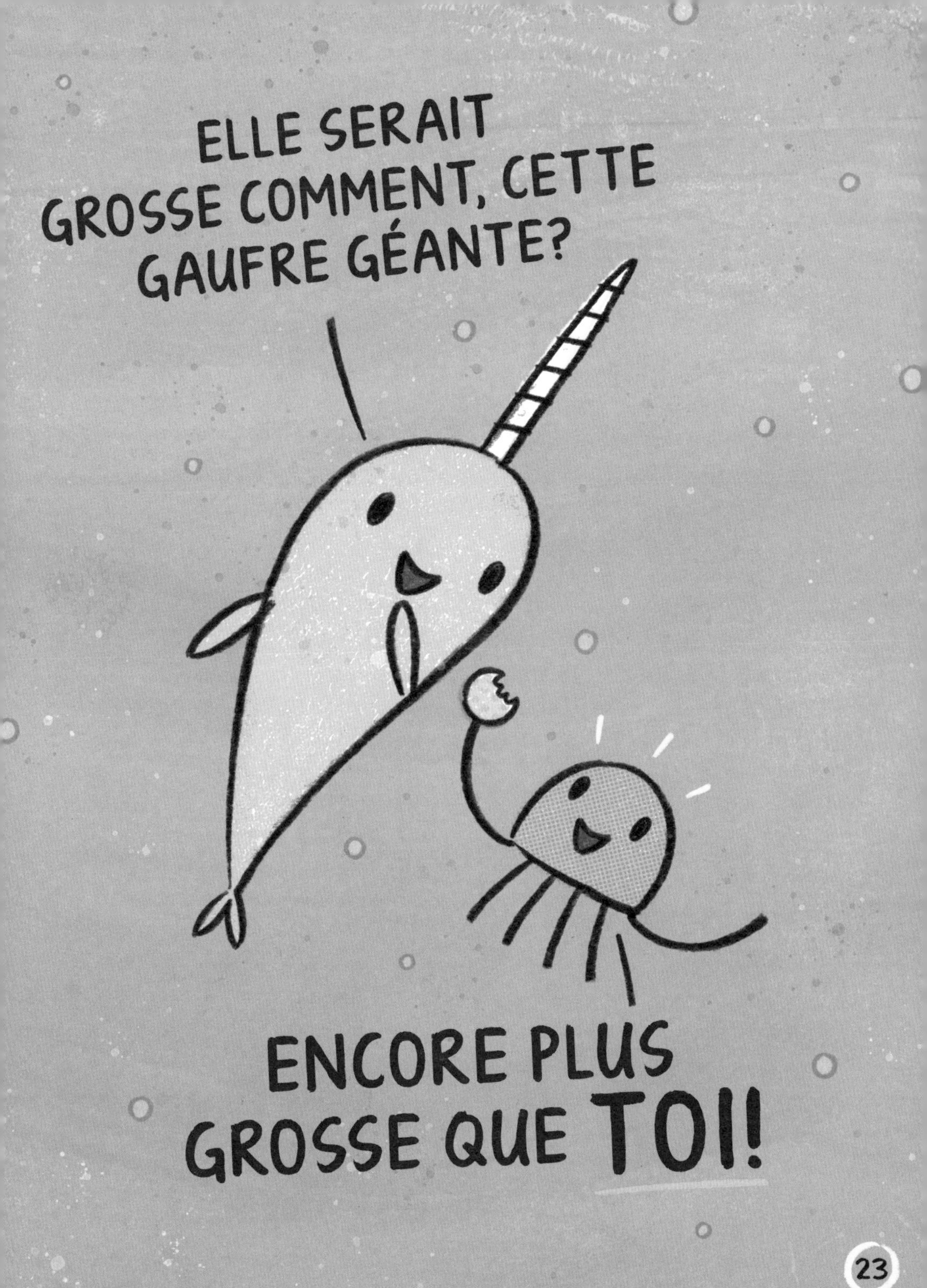
ELLE SERAIT GROSSE COMMENT, CETTE GAUFRE GÉANTE?
ENCORE PLUS GROSSE QUE TOI!

BON, J'IMAGINE QUE ÇA NE PEUT PAS ME FAIRE DE MAL D'Y GOÛTER.
MAL? ATTENDS! CERTAINES PERSONNES SONT ALLERGIQUES AU BEURRE D'ARACHIDE.
TU N'Y ES PAS ALLERGIQUE, N'EST-CE PAS?

ALLERGIQUE?

JE NE PENSE PAS*.

PAR CONTRE J'AI CONNU UN HIPPOCAMPE QUI NE POUVAIT PAS MANGER DE GAUFRES... C'EST LA CHOSE LA PLUS TRISTE QUE J'AIE ENTENDUE. MAIS IL JURAIT QUE TANT QU'IL AVAIT DES OURSONS EN GELÉE, IL ÉTAIT HEUREUX.

*L'ASSOCIATION POUR LA SENSIBILISATION AUX ALLERGIES CHEZ LES ANIMAUX MARINS RECOMMANDE D'ÊTRE PRUDENT QUAND ON GOÛTE À UN ALLERGÈNE COURANT.

FAITS DÉLICIEUX

JE PRÉFÈRE LES GAUFRES!

LES SCIENTIFIQUES PENSENT QUE LE NARVAL AVALE SA NOURRITURE TOUT ROND ET QU'IL MANGE SURTOUT DES POISSONS.

ET LE BEURRE D'ARACHIDE!

LA PLUPART DES MÉDUSES PIQUENT LEUR PROIE À L'AIDE DE LEURS TENTACULES AVANT DE LES MANGER.

LA BALEINE BLEUE (LE PLUS GROS ANIMAL DU MONDE) SE NOURRIT SURTOUT DE KRILL (DE MINUSCULES CRUSTACÉS). MAIS ELLE EN MANGE BEAUCOUP : JUSQU'À 40 MILLIONS PAR JOUR!

MIAM!

AAAH!

31

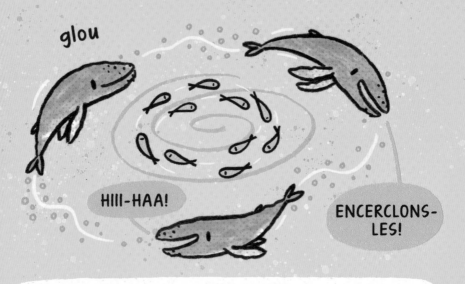

LES BALEINES À BOSSE S'UNISSENT ET CRÉENT DE GROS FILETS DE BULLES POUR PIÉGER LES POISSONS QU'ELLES S'APPRÊTENT À MANGER.

LE CONCOMBRE DE MER MANGE TOUTES SORTES DE CHOSES, Y COMPRIS DU CACA.

ON DIT SOUVENT DU REQUIN-TIGRE QU'IL EST LA POUBELLE DE L'OCÉAN, CAR IL MANGE N'IMPORTE QUOI : COCHONS, PNEUS, EXPLOSIFS...

OHÉ! BEURRE D'ARACHIDE?

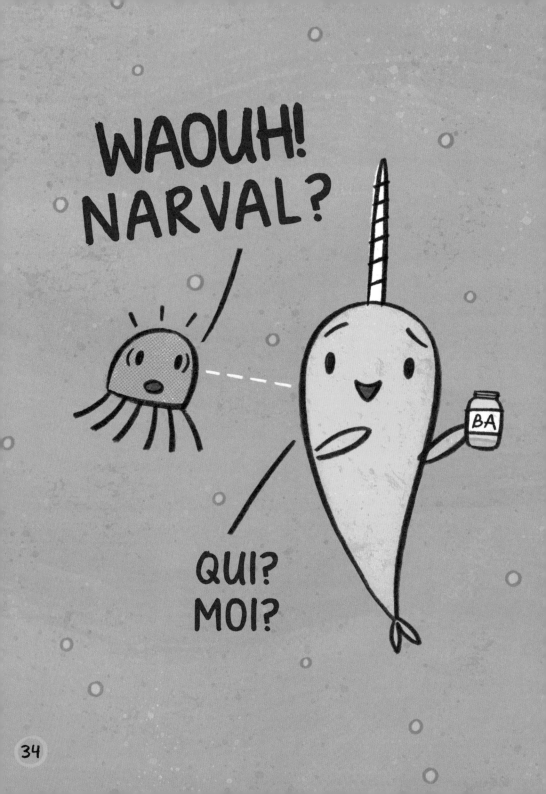

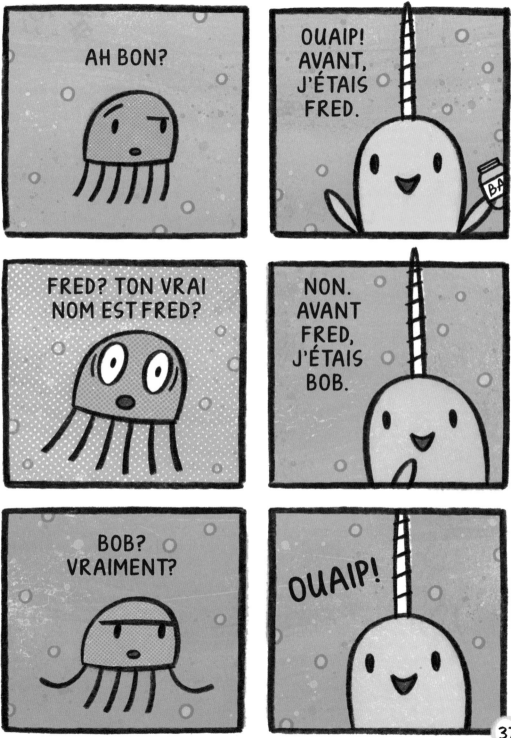

ET AVANT ÇA, J'ÉTAIS
NAUTILUS III. JE ME SUIS
AUSSI APPELÉ JEAN PENDANT
UN TEMPS... ET SOUVENT,
J'AIME QU'ON M'APPELLE
M. FRÉCHETTE. C'EST DRÔLE
DE CHANGER DE NOM!

ARGH! ÉCOUTE, BEURRE D'ARACHIDE OU NARVAL OU FRED, OU PEU IMPORTE COMMENT TU T'APPELLES... TU NE PENSES PAS QUE TU VAS UN PEU LOIN AVEC CETTE HISTOIRE DE BEURRE D'ARACHIDE?

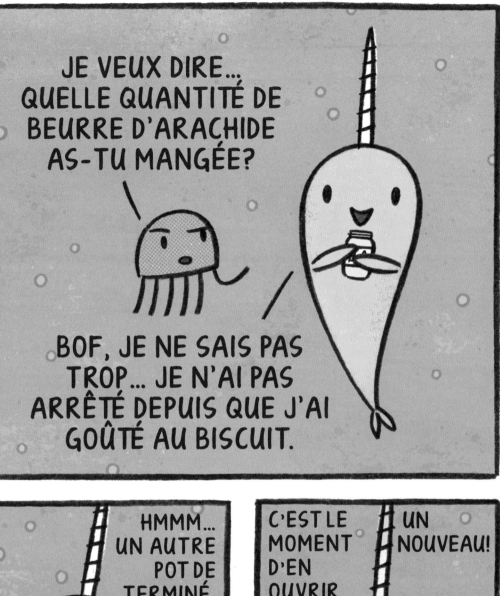

À PLUS TARD, FLOYD!

FLOYD...

SUPER GAUFRE
et EXTRA FRAISE
CONTRE BEURRE D'ARACHIDE ET CONFITURE

Beurre d'arachide
par ~~Narval~~ et ~~Gelato~~ Floyd

SUPER GAUFRE ET EXTRA FRAISE ONT DÉJÀ VAINCU UN ROBOT EN COLÈRE ET UN TAS DE BEURRE GÉANT. ILS NE FERONT QU'UNE BOUCHÉE DE CE CORNICHON.

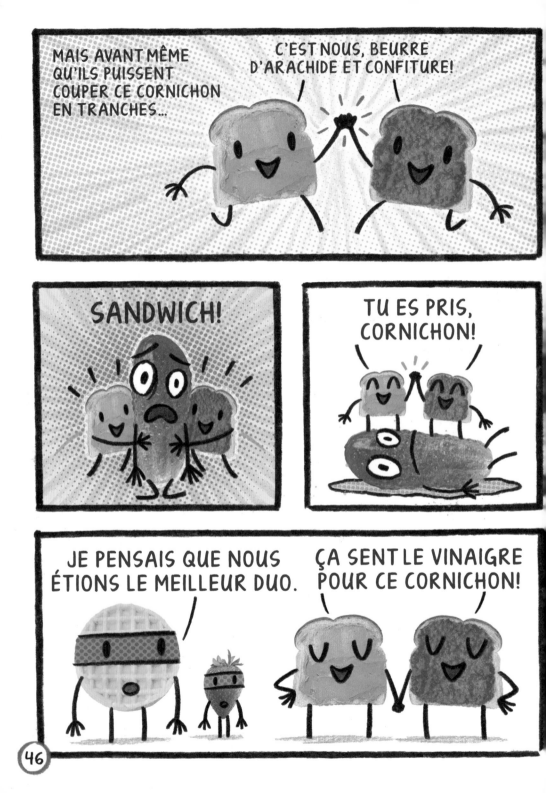

ARACHIDE

ALIAS mini
NARVAL

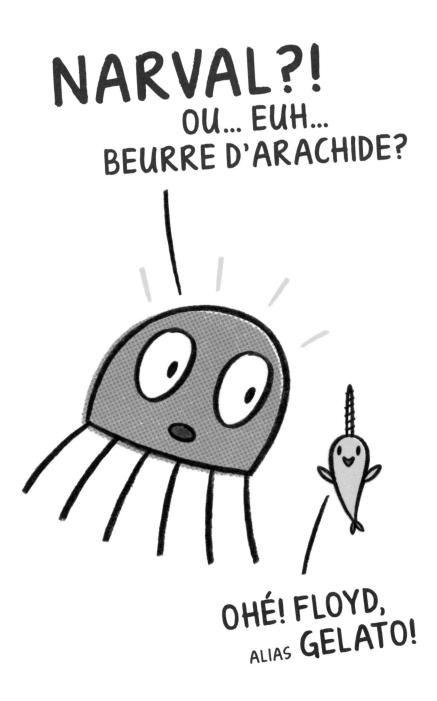

BEURP!

WAOUH! OK...
MAIS QU'EST-CE
QU'ON VA FAIRE
POUR TA PETITE
TAILLE?

COMMENT
ÇA?

TU N'AS PAS PEUR DE RESTER MINUSCULE POUR TOUJOURS?

PAS VRAIMENT.

TU RISQUES AUSSI DE RESTER COINCÉ DANS UNE BULLE!

OU

D'ÊTRE EMPORTÉ EN ANTARCTIQUE PAR UNE VAGUE!

SI LES ÉLÉPHANTS VIVAIENT DANS L'EAU, L'UN D'ENTRE EUX POURRAIT TE PIÉTINER OU T'ASPIRER AVEC SA TROMPE!

CALME-TOI, FLOYD!

LE LENDEMAIN...

OHÉ! GELATO,
ALIAS FLOYD!

AH!
QUOI?
COMMENT?
TU ES
ÉNORME!

OUAIP!
ON DIRAIT BIEN.
ÇA DOIT ÊTRE À CAUSE
DE TOUTES CES GAUFRES
GÉANTES.

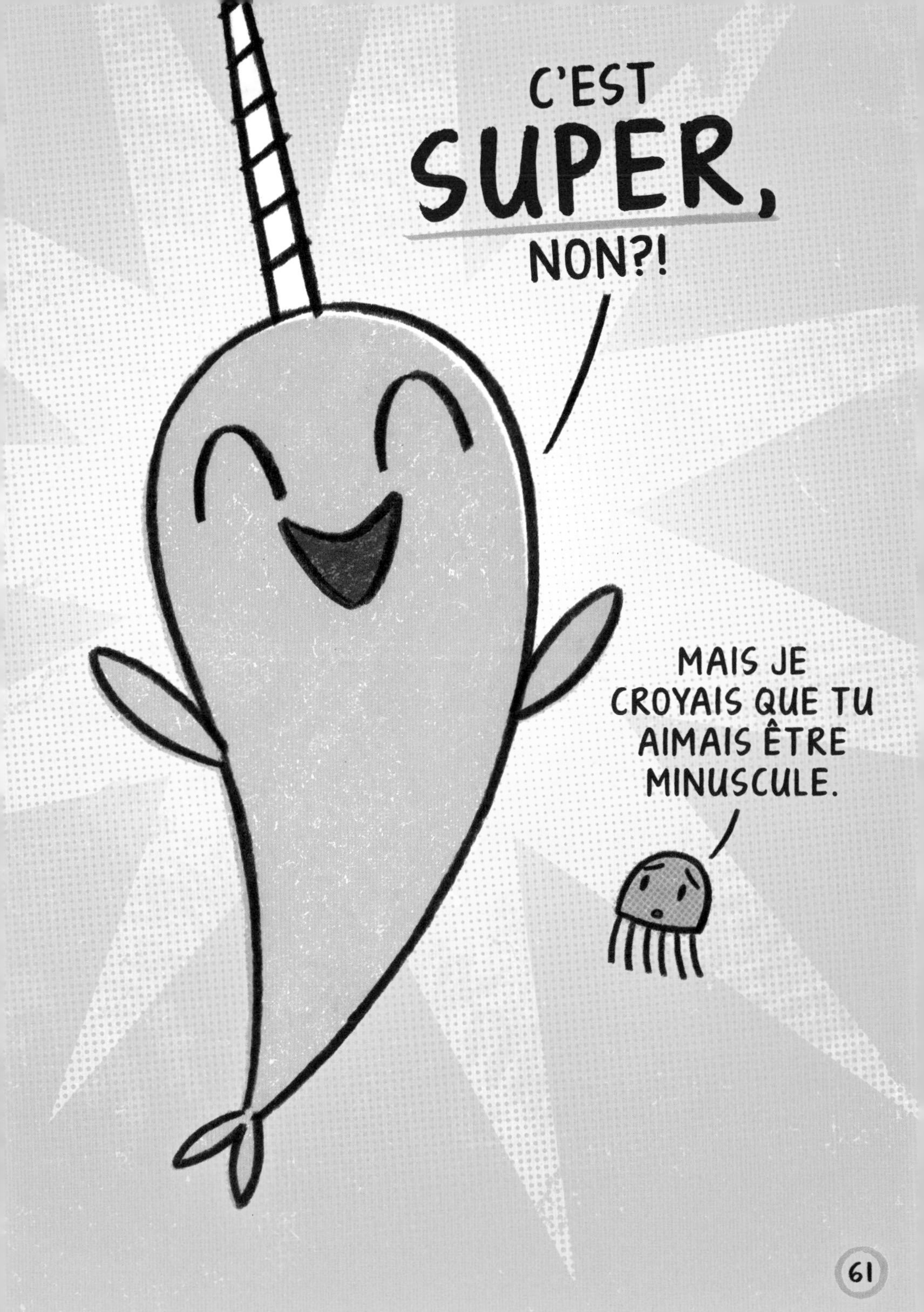
C'EST SUPER, NON?!
MAIS JE CROYAIS QUE TU AIMAIS ÊTRE MINUSCULE.

MAINTENANT QUE JE SUIS

ÉNORME,

JE PEUX MANGER DES TONNES DE GAUFRES. JE VAIS DEVENIR LE PLUS GRAND MANGEUR DE GAUFRES DU MONDE!

C'EST BIEN PENSÉ!